Heinrich Wuttke

Abbildungen zur Geschichte der Schrift

Heinrich Wuttke

Abbildungen zur Geschichte der Schrift

ISBN/EAN: 9783742809377

Hergestellt in Europa, USA, Kanada, Australien, Japan

Cover: Foto ©Andreas Hilbeck / pixelio.de

Manufactured and distributed by brebook publishing software
(www.brebook.com)

Heinrich Wuttke

Abbildungen zur Geschichte der Schrift

Geschichte der Schrift

von

Heinrich Wuttke.

Erstes Heft.

Leipzig.
Ernst Fleischer.
1873.

A.

Manka.

Tafel I 1. Stammzeichen der Mudschana's in Malwa und Mokalougua (ungefähr anderthalbhundert Wegstunden von der Westküste Afrikas).

Wilkes, Narrative of the United States exploring expedition during the years 1838, 1839, 1840, 1841, 1842. London 1845 I 63 (die englische Schreibung der Namen ist beibehalten).

2. Stammzeichen der Fantis und Aschantis an der Sklavenküste und in dem benachbarten Binnenland.

Wilkes I 56.

3. Stammzeichen der Mundschola's am Muole (hundert bis hundertfunfzig Wegstunden nordöstlich von Loango).

Wilkes I 56.

4. Stammzeichen der Sakatus, eines Zweiges der Quorraneger.

Wilkes I 50.

5. Stammzeichen eines Jarribemannes im Westen des Quorra (d. h. des Nigers in seinem südlichen Laufe).

6. Stammzeichen eines Jarribeweibes.

Beide: Wilkes I 56.

7. Stammzeichen auf der Stirn der Ibuer an der Gabelung des Nigers.

Wilkes I 57.

8. Stammzeichen der Kongoneger hundert Wegstunden von der Westküste Afrikas und zwischen dem Zaire und Danda.

Wilkes I 60.

Vgl. zu 1—8 Geschichte der Schrift I 80. 82.

9—11. Australier.

Delessert, Voyage dans les deux océans, atlantique et pacifique 1844 à 1847. Paris 1848, S. 145. 141. 140.

Vgl. Geschichte der Schrift I 83. 84. 130.

B.

Tatuirung oder Netzschrift.

Tafel II 12. Vorderseite eines Priesters und Anführers in Nukahiva.

Krusenstern, Reise um die Welt in den Jahren 1803, 1804, 1805 und 1806. St. Petersburg 1810. Atlas. Daraus auch in der Beschreibung der Insel Nukahiva nach Krusenstern's Reise um die Welt. Weimar 1811.

Vgl. Geschichte der Schrift I 124—125.

Tafel III 13. Rückseite eines jüngeren Nukahivers, der in der einen Hand den Schädel eines erlegten Feindes, in der anderen eine Lanze trägt. Der größte Theil des Kopfes ist geschoren, die übrigen Haare sind in zwei Büschel zusammen gebunden.

G. H. v. Langsdorff's Bemerkungen auf einer Reise um die Welt in den Jahren 1803—1807. Frankfurt am Main 1812. Kupferheft 1, 8. Kupfer.

Vgl. Geschichte der Schrift I 137.

Tafel IV 14. Der unter die Nukahiver aufgenommene französische Matrose Johann Baptist Cabri, der eine nukahivische „Prinzessin" heirathete, mit Krusenstern nach Kamtschatka reiste, hernach in Kronstadt als Lehrer des Schwimmens am Seekadettencorps angestellt wurde.

Nach der Zeichnung Orlovsky's, der ihn als Schleuderer darstellte in Langsdorff's Abbildungsheft 6. Kupfer.

Vgl. Geschichte der Schrift S. 123, 135, 136, wo derselbe irrig „der Engländer Roberts" genannt wurde, welcher ebenfalls das Viereck auf der Brust hatte. (Tilesius in Pölitz' Jahrbüchern 1828. Mai S. 144. Tilesius nennt den Franzosen José Cabri. Auf den Namen kommt nichts an.)

Tafel V A. 15. Ein etwa 30jähriger Großer in Nukahiva, der in der einen Hand einen Fächer, in der andern eine Streitkeule hält, die am oberen Ende mit den Haaren eines erlegten Feindes geziert ist.

Von Langsdorff gezeichnet. Im I. Heft seiner Kupfertafeln 7. Blatt.

Tafel V B. Der lauernde Nukahiver Omaudei, Neffe des Keitenue, des Häuptlings im Thale Tiahai.

Auf seinem Leibe sieht man unter andern die Zeichen Mata-Toitos (vgl. Tafel IX 41) und Mata Epo.

Gezeichnet von Tilesius in Nukahiwa 1804, danach abgebildet in Nr. 17 der Musikalischen Zeitung. Siebenter Jahrgang. Leipzig 1805.

Tafel VI 16. Brustbild Rarick's, Häuptlings der Radack-Inseln.

Otto v. Kotzebue, Entdeckungs-Reise nach der Südsee und nach der Berings-Straße zur Erforschung einer nordwestlichen Durchfahrt. Unternommen in den Jahren 1815, 1816, 1817 und 1818 auf Kosten des Reichs-Kanzlers Rumanzoff. Weimar 1821. Titelkupfer zum zweiten Bande.

Vgl. Geschichte der Schrift I 129.

17. Brustbild eines Nukahivers.

Beschreibung der Insel Nukahiwa nach Krusenstern's Reise. Weimar 1811, nach Langsdorff.

18. 19. 20. Köpfe von Maoris; 19 der des Häuptlings Hickney 1845.

Delessert S. 187.

21. Tättowirwerkzeuge der Neuseeländer.

J. C. Polack, Manners and customs of the New-Zealanders. London 1840 II 45.

Vgl. Geschichte der Schrift I 88.

Tafel VII. 22. Tättowirwerkzeuge der Nukahiver.

Beschreibung der Insel Nukahiwa. Weimar 1811.

Vgl. Geschichte der Schrift. I 88. 89

23. Nukahivisches Tatuirzeichen Uma Oka: das Sonnenbild.

Tilesius in Pölitz' Jahrbüchern der Geschichte und Staatskunst. Leipzig 1828.

Vgl. Geschichte der Schrift I 133. 185.

24. Hand der Königin Kätänuäh oder Ketlenue's Frau in Nukahiva. Tatuirung bei ihrer Verheirathung.

Langsdorff in Voigt's Magazin für den neuesten Stand der Naturkunde. Weimar 1806 XI. 299 und I. Heft der Kupfer zu seiner Reise u. 9. Tilesius in Pölitz' Jahrbüchern der Geschichte und Staatskunst. Leipzig 1828. Mai.

Vgl. Geschichte der Schrift I 137.

25. Stammzeichen der Abiponer in Südamerika.

Geschichte der Abiponer, einer berittenen und kriegerischen Nation in Paraguay. Verfaßt von Herrn Abbé Martin Dobrizhoffer. Aus dem Lateinischen übersetzt von Kreil. Wien 1783. II Tafel zu S. 82, vgl. 33. 34.

26. Hand einer Tahitierin.

27. Kopf einer Tahitierin.

Beide: Leichert S. 197.

Geschichte der Schrift I 111.

Tafel VIII. Nukahiwische Tatuirzeichen:

28. Der Zauberknoten.

Geschichte der Schrift I 131.

29–51. Nukahiwische Tatuirungen:

29. Tehou Make.

Geschichte der Schrift I 131. 135.

30. Entake oder Tehou.

Geschichte der Schrift I. 133. 134. 136.

31. Wehakake, bezüglich auf den Tanzplatz und die Obliegenheit für ihn zu sorgen.

Geschichte der Schrift I 133. 134. 136. 137.

32. Eata-tehäu, auf den Armen, zur Hülfe beim Häuserbau verpflichtend.

Geschichte der Schrift I 134. 136.

33. Teiee-hinenäu. Nach Tilesius von Tilenau deutet die Abwechselung offener und gestrichelter Würfel auf wechselseitige Bewegungen oder gegenseitige Liebe; man könnte auch sagen, die Verbindung und Uebereinstimmung gleicher Formen, die in ihrem Innern sich unterscheiden, zielt auf die Ehe.

Geschichte der Schrift I 134. (Seite 136 gilt der Hinweis auf n. 33 für n. 41.)

34. Nihe Piata. Tilesius gibt an, Nr. 33 in Verbindung mit Nr. 34 zeige die Verbindlichkeit, „für den Hochzeitsschmauß“ (die Uebergabe des Mädchens?) an, unterzutauchen und Haifische zu fangen.

Geschichte der Schrift I 133. 136.

35. Nihe Piata.

Geschichte der Schrift I 134. 137.

36. Andere nukahiwische Tatuirung.

Geschichte der Schrift I 134. 136.

37. Tatuirung Tapubai Kake, nach Tilesius ein Bild der Area gymnastica der Nukahiwer.

Geschichte der Schrift I 134. 137.

38. Tapubal-Kake, bezüglich auf die Stelzenbahn der Nukahiver und deren Herrichtung.
Geschichte der Schrift I 134. 137.

39. Oka.
Vgl. Geschichte der Schrift I 135. 133. 184.

40. Andere nukahivische Tatuirung. Mata Epo.
Vgl Geschichte der Schrift I 134. 136.

41. Nukahivische Tatuirung Enatakake oder Enatauo. Wie dies Zeichen zum Kampf verpflichtete, deutete es auch auf Erlegen des Feindes und Schmaus von Menschenfleisch.
Vgl. Geschichte der Schrift I 184.

42. Nukahivische Tatuirung Nihe oder Niho Piala.
Vgl Geschichte der Schrift I 133.

43. Andere nukahivische Tatuirung.
Vgl. Geschichte der Schrift I 134.

44. Andere nukahivische Tatuirung.
Vgl. Geschichte der Schrift I 133 131.

45. Nukahivische Tatuirung. Die Zeichen 44 und 45 hießen nach Langsdorf Enata und er meint, daß sie eintatuirt worden seien, wenn ein Feind erlegt oder verzehrt worden sei.
Vgl. Geschichte der Schrift I 131. 136.

29 45 sind mitgetheilt von Tilesius von Tilenau in Pölitz' Jahrbüchern 1828, auch, schlechter von Langsdorff I. 9. Kupfer.

Tafel IX 46. Nukahivische Tatuirung Apego.
Vgl. Geschichte der Schrift I 134. 136 (wo die Nummer 46 und 49 verstellt sind)

47. Nukahivische Tatuirung Kake.
Vgl. Geschichte der Schrift I 134. 136.

48. Nukahivische Tatuirung Kake, auf den Krieg bezüglich. Langsdorff bemerkt, daß die Zeichen 47 und 48 an den Rippen und der Innenseite des Armes vorkamen, und daß die Figur in ihrem Innern mannichfaltig mit verschiedenen Abänderungen der Zeichnung, ausgeführt wurde.
Vgl. Geschichte der Schrift I 134. 136.

49. Nukahivische Tatuirung Mata Tollos.
Vgl. Geschichte der Schrift I 136, (wo die Ziffern 146 bis 149 verstellt sind).

50. Andere nukahivische Tatuirung.
46 - 50 Tilesius in Voigt' Jahrbüchern.

Tafel X 51. Nukahivische Tatuirung Tumu Ima auf dem Handrücken von Weibern, die dadurch zur Dienstleistung verpflichtet sind.

Langsdorff nennt noch als nukahivische Tatuirungen: Wibu einen Ring oder ein Bracelet, Tuaheu und Kehu einen breiten Strich über die Brust, Schultern, Arme und Bauch, „Ordenszeichen einer Eßgesellschaft" d. h. Verpflichtung zur Abhängigkeit vom Ernährer, Tuaheu und Matta mes, einen breiten Strich von der Nase über das Auge nach den Ohren.
(Siehe auch nukahivische Tatuirungen Tafel XXIII. 116 und 117.)

52. Tatuirung eines Mannes vom gefährlichen Archipel oder der Pomotugruppe.
Wilkes I 133. S. 333. One of the natives was tattooed only on one side from the pubis to the sternum bounded by broad blue bands, which divided and terminated under each ear. Uebrigens sagt Wilkes S. 126: This is believed to the tattooing peculiar to the inhabitants of Anna or Chain Island. They frequent the different islands of the group and are generally employed by those engaged in the shell fishery.
Vgl. Geschichte der Schrift I 129. 130.

53 und 54. Tatuirungen von den Markesasinseln der Haut Friedrich Gerstäcker's eingeätzt.
Vgl. Geschichte der Schrift I 132. 133. 134.

Tafel XI 55. Tatuirung in Tahiti auf Gerstäcker's Leib gemacht.
Vgl. Geschichte der Schrift I 132. 133.

56. Unterschrift oder Gesichtstatuirung des neuseeländischen Häuptlings von Makou (38° S. Br.) Namens E. Gnogni, von ihm selbst in Holz geschnitten.
[illegible] II 49.

57. Unterschrift oder Gesichtstatuirung des Kowiti, Häuptlings der Waimate und Maunganui in Neuseeland.
Polak II 60.

58. Gesichtstatuirung des Tangiteri, Häuptlings der Maungakahia in Neuseeland.
Polak I.

59. Gesichtstatuirung des Te Wainga, Priesters der Gottheit Araiteuru, am Hogiangafluß in Neuseeland.
Polak I 252.

60. Unterschrift des Wakateri.

61. Unterschrift des Titore.

62. Unterschrift des Hara.

Alle drei waren Häuptlinge d[er] Inselbai am nordöstlichen Ende Neuseelands.
60—62. Polak II 49.
56–62. Vgl. Geschichte der Schrift I 103.

Tafel XII 63. Gesichtstatuirung Haufatu's, Häuptling von Waipoa in Neuseeland.
Polak II.

64. Gesichtstatuirung Urua wero's (d. h. Rothhaar), Anführers der Neuseeländer am Ostkap (oder Waiapu).
Polak II 36.

65 und 66. Ansichten eines Mokomokai, d. h. eines durch Räucherung ausgetrockneten Menschenkopfes, welchen der Mörder als Siegeszeichen in seiner Hütte aufbewahrte. Tilesius kaufte ihn in Neuseeland um hohen Preis von dem Triumfator. Jetzt befindet er sich im Centralmuseum für Völkerkunde zu Leipzig. Die Abbildung folgt der von Klemm angefertigten.

67. Neuseeländische Gesichtstatuirung und Unterschrift.
Polak II 46.

(Siehe noch Tafel XVI. n. 102. eine neuseeländische Tatuirung.)

C.

Schriftversuche der Indianer Nordamerikas.

Tafel XII 68. Wampumgürtel oder Muschelschnur.

Jens Kraft. Die Sitten der Wilden zur Aufklärung des Ursprungs und Aufnahme der Menschheit. Aus dem Dänischen übersetzt. Kopenhagen 1766.

Vgl. Geschichte der Schrift I 149—152.

Tafel XIII 69. Bilderschrift, die Kriegsthaten eines Indianers berichtend.

Lafitau. Moeurs des Sauvages Américains, comparées aux moeurs des premiers temps. Paris 1724.

Erklärung: Geschichte der Schrift I 158. 159.

70. Bilderschrift auf einem Felsen am obern See: Siegreicher Auszug zum Kriege auf Schiffen.

Schoolcraft, Historical and statistical information respecting the history, condition and prospects of the Indian Tribes of the United States. Published by Authority of Congress.

Erklärung: Geschichte der Schrift I 158. 159.

71. Bilderschrift auf Papier: Handelsvertrag eines Mandanindianers.

Schoolcraft.

Erklärung: Geschichte der Schrift I 159. 160.

72. Bilderschrift auf einer Tafel an einem Pfahl bei dem Ende eines Grabes an der Mündung des Huron in den Oberen See: Grabschrift Wabojeg's; 1793 oder bald nachher.

Schoolcraft.

Erklärung: Geschichte der Schrift I 161.

Tafel XIV 73. Wampumgürtel aus weißen und dunkelblauen Muscheln, von größerer Wichtigkeit als der XII 68 mitgetheilte.

Kraft.

74. Eingabe der Tschippewäs an den Präsidenten der Vereinigten Staaten im Jahre 1849.

Schoolcraft.

Erklärung: Geschichte der Schrift I 161.

Tafel XV 75. Bilderschrift auf einem Baume im Muskingumflusse: Angriff der von Wigenund geführten Leni-

Lenape's auf die von den Engländern besetzten Festen Pitt und Detroit 1762. 1763.

Schoolcraft, Tafel 60, 62, 63.

Erklärung: Geschichte der Schrift I 159. 157.

76. Schrift auf Birkenrinde im Jahre 1820 gemacht, als Schoolcraft behufs der Landeserforschung in der Richtung zum Obern See die sumpfige und waldige Gegend zwischen dem Mississippi und Fond du Lac mit 15 Begleitern bereiste. Eines Tages fanden wegen starken Nebels die beiden als Wegweiser mitgenommenen Indianer vom Odschibwästamme (die zwei barhäuptigen Männer) den rechten Weg nicht. Abends wurde gelagert und die Jagdbeute verzehrt. Da fertigten die beiden Führer, um ihre Landsleute zu benachrichtigen, diese Schrift (auf welcher der Mann mit dem Hammer den Geologen Schoolcraft vorstellte), lehnten an den Baum einen Pfahl an, der die Richtung der Züge bezeichnen sollte, und machten in diesen drei Hiebe, um die Entfernungen und Anhaltepunkte anzudeuten.

Erklärung: Geschichte der Schrift I 159. 156.

77. Kekinewin oder Zauberschrift der Nordamerikaner: ein Zauberlied.

Schoolcraft.

Erklärung: Geschichte der Schrift I 169—172.

78. Einzelne Zeichen des Kekinowin.

Schoolcraft.

Vgl Geschichte der Schrift I 168—170.

78b. Ein in der Nacht wandelnder Mann (Schoolcraft Tafel 58 n. 7).

79. Genauestes Aufmerken.

80. Vorsicht, Behutsamkeit. (Schoolcraft Tafel 59 n. 138.)

81. Krieg. (Schoolcraft Tafel 58 n. 64.)

82. Frieden. (Schoolcraft daselbst n. 66.)

83. Gewaltiger Krieger?

84. Der Himmelsgeist d. h. Ruhm. (Schoolcraft, Tafel 56 A. n. 6.)

Tafel XVI 85. Siegende Liebe.

86. Tod des Thieres oder Untergang des nach ihm benannten Stammes. (Schoolcraft, Tafel 56 B. 4.)

87. Leben. (Schoolcraft, 52 n. 5 und 18.)

88. Wachsamkeit.

89. Vermögen zu fliegen.

90. Hurtiger Krieger. (Schoolcraft, Tafel 15 n. 21.)

91. Der Biber unter der Gewalt des Zauberers (oder Meda. Für Jäger);

92. Die Erde.

93. Macht des Zauberers.

94. Die Gottheit nachgiebig dem Zauberer.

95. Ein großer Zauberer (ein Haupt-Meda).

96. Zauberer.

97. Zauberische Einwirkung des Meda.

98. Blutbad. Uebergewalt im Kampfe.

99. Zauberischer Kriegsadler.

100. Der Meda Frieden gebietend.

101. Macht des Meda über Gewächse.

[102. Tatuirung eines Neuseeländers.]

D.

Peruanische Schrift.

Tafel XVI 103. Quipos.

Tschudi, Peru. Reiseskizzen. St. Gallen 1846.
Vgl. Geschichte der Schrift I 163. 184.

104. Steinschrift in Peru, in einem Gebäude eine Stunde von Huari.

Tschudi, Peru.
Vgl. Geschichte der Schrift I 179.

E.

Südamerikanische Bilderschrift.

Tafel XVII. 105. Felsinschrift am Waraputa.

Robert Hermann Schomburgk's Reisen in Guiana und am Orinoko während der Jahre 1835—1839. Herausgegeben von O. A. Schomburgk. Leipzig 1841.

Vgl. Geschichte der Schrift I 177.

F.

Mittelamerikanische Hieroglyphik.

Tafel XVIII. 106. Unter dem letzten mexikanischen Herrscher Montezuma geschriebenes Verzeichniß der Steuer von Tenuktitlan.

Mendoza'sches Manuskript in Kingsborough, Antiquities of Mexico comprising facsimiles of ancient Mexican Paintings and Hieroglyphics. London 1831.

Erklärung: Geschichte der Schrift I 221—222.

Gemalt ist n. 15 das Viereck, in welchem 24 Kreise sich befinden, schwarz, das längliche Viereck darunter dunkelroth, das schmale darunter hat in der obersten Abtheilung blaue Färbung, in der zweiten gelbe, in der dritten grüne, in der vierten rothe; alles Uebrige (auch die Kreise im obersten Viereck) ist weiß. Das Zeichen zur Seite ist in dem der Hauptfigur zugewendeten Theile roth, in den ihr abgewendeten, abgetheilten Stücken blau. Die Körbe 11—14 sind gelb, das in ihnen Aufgeschichtete mitsammt dem Herzblatte n. 13. 14 braun, alles Uebrige weiß. N. 16. 17 sind weiß, n. 10 und 9 haben grüne Federbüsche; blau die 2 Vierecke auf der entgegengesetzten Seite des Kopfschmucks. Der Mittelpunkt der kreisförmigen Figur des Kopfschmuckes ist gelb, umgeben von einem blauen Ringe, welcher von einem rothen Kreis eingeschlossen ist; das längliche Viereck in derselben Ebene ist grün; die gekrümmte Figur im Zwischenraume, wie die längliche in dem schraffirten Theile des Kopfputzes, ebenso die schneckenförmige bei dem linken Aermel sind gelb; n. 9 hat überhaupt gelb gefärbt den hutförmigen Theil des Kopfputzes und das ganze Kleidungsstück, welches bei n. 10 ebenso weiß gelassen ist, wie die Fähnlein und der oberste Theil des Kopfschmucks beider Nummern. Der Halstheil ist roth und die länglichen Vierecke sind schwarz gefärbt. Nr. 6 und 7 sind bis auf die Mitte der weißen Ringe gleich gefärbt: die Gehänge sind gelb, mit einem blauen und dann rothen Randstreifen, welcher mit abwechselnd grünen und gelben Anhängseln versehen ist. Die Mitte von n. 6 getheilt durch einen breiten dunkelblauen Streifen ist in ihrem unteren Theile roth mit blauen Figuren, im oberen weiß mit gelben, rothen und blauen Figuren. Die Mitte von n. 7 ist grünlich, die Figuren gelb. In n. 18–21 sind die Felder der großen, wie die 4 daran befindlichen kleinen Ringe roth, blau, grün, gelb, derart, daß in jedem der 4 großen Kreise eine der Farben abwechselnd zweimal vorkommt und daß dieselben Felder der verschiedenen Kreise jedesmal eine andere Farbe haben; die Mitte ist roth mit einem weißen Punkt. Bei n. 1 sind die zwei kleinen oberen Kreise (Staubbeutel der Blüthe) gelb, die Krone roth, die übrige Figur weiß, die stachelartigen Ansätze roth mit weißer Spitze; der Untertheil (vielleicht die knollige Wurzel) ist links braun, rechts violet. Nr. 2, 3, 4 und 5 stimmen sowol in ihren schwarzen Haaren und braunen Gesichtern, als auch in den blauen Kopfbinden überein; nur unterscheiden sich 2 und 3 durch rothe, 4 und 5 durch grüne Troddeln daran. Der Aufsatz von n. 3 ist im untern Theile gelb, im obern weiß. Die Figur vor dem Kopfe, welcher mit ihm zusammen das Namenszeichen von n. 2 bildet, ist blau, ihre Kreise weiß. Der Vogelkopf, wahrscheinlich ein Kolkrabe, welcher mit dem gelben geöffneten Schnabel den blauen Kopfschmuck von n. 5 packt, ist braun. Der mit n. 4 in Verbindung stehende Kopf ist weiß im Gesicht, roth im Hinterkopf. Nr. 6 ist im Untersatz weiß, in dem oberen Theile blau.

Tafel XIX. 107. Mexikanische Jahrzeitbücher von 1417—1426.

Aus demselben Mendoza'schen Manuscript bei Kingsborough. Erklärung: Geschichte der Schrift I 222. Zur Beschreibung der Abbildung sei noch bemerkt, daß dieselbe, wie die vorige, farbig ausgeführt ist. Die Zeittafel (1) hat als Grundfarbe blau. Die beiden Königsbilder sind einander, bis auf die geneigte Stellung des Einen, gleich. Ihr Leib ist in ein weißes Tuch gehüllt, dessen Zipfel in Knoten verschiedener Art geschlungen sind. Kopf und Hände oder Füße sind braun gefärbt. Das Diadem ist hellblau, die darunter vorquellenden Haare schwarz. Den Hinterkopf bedeckt ein herabhängendes rothes Tuch. Das Zeichen vor dem Munde ist hellblau. An dem Königswappen sind der Grund gelb, der einfassende Ring hellblau, die inneren Rosetten und Stäbe weiß; der zwischen der Doppellinie des einen befindliche Raum braun. Die federartigen Zeichen über dem Wappen violet oder vielmehr blauschwarz (da dieselbe Farbe zu den Haaren verwendet ist). Der Schild (3) hat gelben Grund, weißen Rand und weiße Zeichnung im Innern. Die Griffe der dahinter befindlichen Waffen sind schwarzblau, die Ringe gelb, die Ansätze roth, die Schäfte auf der andern Seite gelb, die Spitzen braun; braun ist auch das Zeichen über dem Schilde. Der gemeinsame Theil beider Stadtwappen (3b, 3c) ist im Untersatz weiß, dessen links zu oberst stehendes Viereck braun; der Baldachin ist gelb, der dem oberen Bilde (3b) angehängte Kasten ist blau, die Rosetten darauf und der Rand braun. Im unteren Stadtzeichen (3c) ist das viereckige Schild violet. Den Mittelpunkt seines Innern macht eine von rothem Rande umfaßte Scheibe aus, Kranz und Ringe darum sind weiß. Die Fischschwänze (3b) sind im oberen Bilde roth in's Gelb übergehend. Beim unteren (3c) der oberste mit einem blauen Band, der untere nach links weiß, nach Innen in's Gelb ausgehend, auch mit einem blauen Band. Der Mann (8) ist braun, sein Haar schwarz, das um ihn geschlungene Band und an diesem hängende Viereck (ob dessen Ende oder ein Werkzeug?) weiß. Der kugelförmige Gegenstand, den er in Händen hat, ist in dem auf ihn zugehenden Theile schwarzblau mit noch einem gelben Ringe wie ein mit den Fingern etwas zurückgezogener Ueberzug des vorderen braunen Theiles. Die Kähne sind braun, die Köpfe (9) braun, das Haar schwarz.

Herr Petermann in Dresden zweifelt daran, daß die beiden Königsbilder auf dieselbe Person sich beziehen, wegen der Verschiedenheit des Innern beider Wappen oder Namensschilder. Das mir unverständliche Zeichen n. 7 erklärt er, gewiß mit Recht, als einen Kaktus, den schwarzen und braunen Grund für Erde, die grünen Seitenansätze als Blätter; die Knospen sind im Grunde weiß, und roth umrändert, braun sind die beiden kleinen zu oberst befindlichen, durch kleine, schwach gekrümmte Striche mit der Blume verbundenen Kreise. Petermann hält sie für den hervorragenden Staubbeutel. Er faßt das Bild als das Namenszeichen des Anführers der erschlagenen Schaar auf

Tafel XX. 108. Jahrzeitbücher der Fürsten von Azkapozalko.

A. v. Humboldt, Vues des Cordillères et Monuments des peuples indigènes de l'Amérique. Paris 1810.

109. Darstellung eines Rechtshandels in der spanischen Zeit.

Humboldt a. a. O.

Erklärung: Geschichte der Schrift I 223. 214. Die streitenden Parteien kauern auf den entgegengesetzten Seiten. Der Spanier mit abgewendetem Gesichte und erhobenen Händen scheint der unterliegende Theil zu sein. Ueber dem obersten Spanier der Gegenseite steht sein Name mit dem grün gefärbten Bilde des Wassers, d. h. Agua verde. Bensen sagt (Hieroglyphen und Buchstaben. Schaffhausen 1860. S. 14): „Das Bild der Zunge, d. h. der Rede ist bei dem Indianer einfach, bei den protestirenden Spaniern doppelt, bei den Richtern dreifach gefaßt, wol um anzudeuten, daß die letzteren das Hauptwort führen, der Indianer kaum zu sprechen wagt." Aber der Spanier auf der Gegenseite, den ich wegen seines rückwärts gewendeten Kopfes und seiner (klagend) aufgehobenen Hände für denjenigen Theil halte, gegen den der Richterspruch fiel, hat auch vor seinem Munde drei Zungen. Bensen möchte in ihm den Sachwalter des Gegentheils sehen.

Tafel XXI. 110. Steinschrift in der Gegend von Eskamela.

Antiquités Mexicaines: Relations des trois expéditions de Dupaix pour la recherche des antiquités du pays, notamment celles de Mitla et de Palenque, accompagnée de dessins de Castañeda. Paris 1834.

Erklärungsversuche: Geschichte der Schrift I 224

111. Wappen oder Name einer Stadt über einem Thor bei Tschelula.

Antiquités Mexicaines.

Vgl. Geschichte der Schrift I 224.

Tafel XXII. 112. Ein Bild aus der mexikanischen Erziehungslehre. Die Menschen sind braun, des Vaters Bekleidung weiß, das Feuer roth, der Rauch darüber grau. Den Knaben bezeichnen die Ringe als 11 Jahr alt.

Mendoza'sches Manuscript bei Kingsborough.

Vgl. Geschichte der Schrift I 223.

113. Desgleichen. Die 15 Jahrringe sind blau. Der sitzende vornehme Mann hat am weißen Gewande einen rothen Streifen und unten gelben Besatz.

114. Ein Abschnitt aus dem auf der Dresdner Bibliothek befindlichen Buche von röthlich gelbem Papier. Der ihn umrahmende Strich ist roth, ebenso sind die über der untersten Reihe stehenden Parallelen und Kreise roth; alles Andere ist nicht farbig.

Abgezeichnet von der Malerin Clara Biller 1856.

Die von Kingsborough gegebene Abbildung ist nicht ganz genau; sie enthält Zeichen, welche Clara Biller im Buche selbst, nach dem sie die Zeichnung machte, nicht wahrnahm.

Vgl. Geschichte der Schrift I 230.

Tafel XXIII. (115. Nukahivische Tatuirung blos am Innenarm und auf den Schenkeln der Männer, ihre Dienstleistung bei Häuserbau erfordernd.

Vgl. Geschichte der Schrift I 137.

116. Nukahivische Tatuirung Tehue; auf der Hand von Weibern eintatuirt mahnt es an ihre ehelichen und häuslichen Verpflichtungen. So nach Tilesius. Langsdorff nennt dies Zeichen Ehonu „Schildkröte."

Vgl. Geschichte der Schrift I 137 und 184, wo beidemal fälschlich n. 114 steht.)

117. Ein Abschnitt aus dem Dresdner Buche. Die dicke Umfassung ist roth, die beiden oberen Bilderreihen sind durch braune Striche in je 6 Vierecke abgetheilt, doch geht nur zwischen ihnen ein brauner Querstrich, unten mangelt er; ebenso mangelt am linken Ende der abschließende Längenstrich. Die Parallelen mit 2 Kreisen darüber, der einzelne Strich mit 4 Kreisen darüber und die letzten 3 Kreise sind roth. Die unten rechts hockende Figur ist weiß auf blauem Grunde. Alles Uebrige ungefärbt.

Zeichnung nach Kingsborough. Clara Biller war wegen der Art der Aufstellung und Befestigung des amerikanischen Buches außer Stande, die Fehler desselben nach diesem zu berichtigen. Sie schrieb mir am 5 Juni 1856: „Gegenüber von der mexikanischen Urkunde befand sich eine ebenso eingerahmte, die ich dem ganzen Ansehen, der Größe der Hieroglyphen und der Raumeintheilung nach für eine Fortsetzung der ersten hielt. Ich befragte darum Herrn Oberbibliothekar Klemm, welcher für sie peruanischen Ursprungs erklärte. Als ich sie dann genauer ansah, fiel mir die Aehnlichkeit verschiedener Zeichen mit welchen auf, die ich auf den Tafeln von Palenke schon gezeichnet." Die Abzeichnung einiger Proben daraus bestätigte mir ihre Meinung

Geschichte der Schrift I 231 steht fälschlich die Nummer 115. Durch den Lithografen, der die Zeichen nicht ihrer Folge nach ausführte, ist mehreremale das Nichtzusammentreffen der Zahlen mit denen des Buches gekommen. Diese Abweichungen sind hier bemerkt.

Tafel XXIV. 118. Schrift von Palenke auf gelblichem Marmor im Tempel zu Palenke.

Antiquités Mexicaines. Dupaix III. Tafel 36. Gezeichnet von Castañeda.

Vgl. Geschichte der Schrift I 231. Den Vogel auf dem in der Mitte befindlichen Kreuze will Brasseur de Bourbourg für den König halten.

Tafel XXV. 119. Steinschrift aus einem Gebäude in Palenke.

Antiquités Mexicaines. Dupaix III. Tafel 89. Die Ungleichheit in der Dicke der Umrisse ist ein Fehler des Lithografen.

Vgl. Geschichte der Schrift I 231.

Tafel XXVI. 120. Jukatanische Buchstaben.

Mitgetheilt von Bischof Diego de Landa, Relacion de las cosas de Yucatan, und nach diesem sowol in der Ausgabe seiner Schrift (publié par Brasseur de Bourbourg Paris 1864) als im Boletin de la sociedad de geografia y Estadistica de la republica Mexicana. Secunda Epoca. Mexico 1871. T. III. n. 8—9: Sacado de un manuscrito del P. Landa, que se conserva en Madrid en la Academia real de la historia. Beide Veröffentlichungen weichen nur in Geringfügigem von einander ab.

Vgl. Geschichte der Schrift I 237. 238. 229.

121a. und b. Proben der Art mit dem jukatanischen Alfabet zu schreiben.

Vgl. Geschichte der Schrift I 229 und William Bollaert, Maya Hieroglyphic Alphabet of Yucatan in den Memoirs of the Anthropological Society. London 1866. II. S. 36 u ff. und Brinton, The ancient phonetic alphabet of Yucatan. New-York 1870.

122. Mechikanisches Zeichen „Fischerort," Michmalojan, für die also genannte Stadt.
Clavigero, Storia Antica del Messico. Cesena 1780.
Vgl. Geschichte der Schrift I 215.

123. Mechikanisches Zeichen für Atenko, d. h. „Bank im Wasser."
Clavigero.
Vgl. Geschichte der Schrift I 216.

124. Mechikanisches Zeichen für Teokaltitlan, d. h. „Ort des guten Hauses". a. ein Haus (Kalli =) Kal, b. Lippen (tentli =) Te, c. ein Weg (otli =) o, d. Zähne (tlantli =) tlan.
Vgl. Geschichte der Schrift I 216.

125a. b. c. Verschiedene mechikanische Schreibweisen des Namens Itzkoatl, d. h. „Messerschlange."
Vgl. Geschichte der Schrift I 215. 216.

G.

Chinesische Schrift.

Tafel XXVII. 126 a. und b. Jking Fohi's.
a. Seine Bestandtheile, die 8 Kwa's.
b. Die erste Reihe ihrer Zusammenstellung im Buch J, welches nach den möglichen Zusammenstellungen aus 8 solchen besteht.
Vgl. Geschichte der Schrift I 243—248.

127. Tafel Loschu.
Vgl. Geschichte der Schrift I 248.

Tafel XXVIII. 127b. Chinesisches altes Zeichen für Einheit.

128. Sonne. Altes Bild und gegenwärtiger Zug der Chinesen.
129. Mond. Desgl.
130. Berg. Desgl.
131. Baum. Desgl.
132. Hund. Desgl.
133. Fisch. Desgl.
134. Fliegender Vogel. Altes Bild.
135. Gesicht. Desgl.

136. Kind. Desgl. zwei Zeichnungen, die kleinere auf alten Vasen.
137. Hacke. Altes Bild.
138. Gefäß. Desgl.
139. Wasser. Desgl.
140. Haus. Desgl.
141. Thor. Desgl.
142. Pallast. Desgl.
143. Sehen. Desgl.
144. Grenze. Desgl.
145. Flamme. Desgl.
146. Regen. Desgl.
147. Fest, sicher. Desgl.
148. Sehr hoch. Desgl.
149. Gebirge. Desgl.
150. Oben. Desgl.
151. Unten. Desgl.
152. Drei. Desgl.
153. Mitten. Desgl.
154. Eins. Desgl.
155. Zwei. Desgl.
156. Rechts. Desgl.
157. Links Desgl
158. Zielen, Schießen. Desgl.
159. Wachsen, Wachsthum. Alter und Neuer Zug
160. Morgenröthe, Morgen. Altes Bild.
161. Großes oder tiefes Wasser. Desgl.
162. Regen. Desgl.
163. Quelle. Desgl.
164. Stall, Kerker. Neuere Züge.
165. Gefängniß. Alter Zug.
166. Feld. Desgl.
167 Erde. Desgl.
169. Weiß. Altes Bild und neuer Zug
170. Mißgestaltet. Altes Bild.
171. Mensch und Leiche. Altes Bild und neuer Zug von beiden.

172. Klein. Altes Bild.
173. Glanz, prächtig. Altes Bild und neuer Zug.
174. Thränen. Desgl.
175. Bergdünste. Desgl.
176. Hören, Horchen. Desgl.
177. Gewaltsam eindringen. Desgl.
178. Kindergeschrei. Desgl.
179. Ackerbau, Wachsen, Reichthum, Glückseligkeit rc. Desgl.

Die alten Bilder meistens aus (Amiot) Lettre de Peking sur le génie de la langue chinoise et la nature de leur écriture symbolique, comparée avec celle des anciens Egyptiens. Brüssel 1773, Tafel XXIV, XXV, XXVI; mehrere aus Klaproth, Mémoires relatifs à l'Asie II und verschiedenen andern Werken; die Zusammenstellungen mit dem neuen Zuge aus Abel Rémusat's Elémens de la grammaire chinoise Paris 1822. S. 1–5.

Vgl. zu n. 127b (statt 167), Geschichte der Schrift I 257; zu n. 128–155 I 258; zu n. 156. 157 I 262, zu n. 158–160 I 261, zu n. 161–167 und 169 I 263, zu n. 170–173 I 263, zu n. 164–178 I 264, zu n. 179 I 265.

Tafel XXIX 180–185 Sechs Wörter in der Schrift verschiedener Zeiten.

180(I). Schriftart der Nagelbuchstaben (Kho-teou oder altes Tschuan) zum Theil mit Beigabe der gegenwärtigen Zeichen.
Vgl. Geschichte der Schrift I 274.

181(II). Grabschrift (Tschuan).
Vgl. Geschichte der Schrift I 274. 280.

182(III). Lischrift.
Vgl. Geschichte der Schrift I 314.

183(IV). Pflanzenschrift (Thsao)
Vgl. Geschichte der Schrift I 314. 315.

184(V). Schriftart Kiai Sung pan.

185(VI). Schriftart Kiai hing schu.
Vgl. Geschichte der Schrift I 315.
180–185. Aus Abel Rémusat's Grammaire.

186. Ein Stück der Inschrift Yü's.
de Rosny, Notice sur l'écriture chinoise. Paris 1854. Tafel XIV, - nur stehen daselbst blos 3 Wörter in einer Reihe.

Vgl. Geschichte der Schrift I 251, Schriften über dieses Denkmal daselbst I 749, Anmerkung 22.

Tafel XXX. 187. Veränderung eines einzigen Wortbildes in den Inschriften auf Vasen, Dreifüßen, Glocken und Metallzierrathen der älteren Zeiten.

Callery, Systema phoneticum scripturae sinicae. Macao 1841 I 33. Vgl. S. 30.

H.

Korea.

Tafel XXXI. 188. Alfabet Onmun; unter dem Strich sowol in der dritten Reihe als unten in allen drei Reihen Zusammensetzungen der Buchstaben.

Siebold, Nippon VII, Atlas, Tafel X und Klaproth, San Kokf, tsou ran to sets ou aperçu général des trois royaumes traduit de l'original Japonois-Chinois. Atlas. Paris 1832.

Vgl. Geschichte der Schrift I 452—426. Daselbst ist diese Tafel als n. XXX angegeben.

I.

Japan.

Tafel XXXII. Die drei vorwiegenden japanischen Syllabare oder Irofa's.

189. Jmato Kanna von Zijakseo aufgebracht.

190. Katta Kanna von Simo-mitsikao aufgebracht.

191. Firo Kanna von Gomioo und Kokai aufgebracht.

Kämpfer's Geschichte und Beschreibung von Japan. Herausgegeben von Dohm. Lemgo 1779. II. Band. Tafel XLV.

Vgl. Geschichte der Schrift I 436, 433, 434, 435.

K.

Aegypten.

Tafel XXXIII 192. Tot als Schreiber.

Bild zum 110. Abschnitt des ersten Tot- oder sogenannten Todtenbuches. (Herausgeg. von Lepsius 1842.) Aehnliche

Darstellung Tot's, als Schreiber sitzend, zu Tebe in dem Memnonia oder Tempel Ramses' II. (Lepsius, Denkmäler aus Aegypten. Abtheilung III. Blatt 167.) Vgl. Geschichte der Schrift I 484. 485.

193. Ein sitzender und vier gehende Schreiber.

Alte Darstellungen an den Pyramiden von Gizeh, Grabkammer 47 aus der Zeit der IV. Dynastie. (Lepsius, Denkmäler. II. Abtheilung, Blatt 30.) Was der zweite Schreiber an seinem Gurte trägt, scheint ein Schwamm zu sein.

194. Zwei hockende Schreiber.

Pyramiden von Gizeh, Grabkammer, IV. Dynastie. (Lepsius, Denkmäler. Abtheilung II. Blatt 19.)

Schreiber kommen überhaupt nicht selten in den Wandgemälden vor, z. B. um den Stand des Nils anzumerken (zu Tebe, XIX. Dynastie, Lepsius III. Abtheilung Blatt 169);* ferner aus der Zeit der V. Dynastie Lepsius II Bl. 49, 51, 56, Pyramiden von Gizeh, wo das einmal der Schreiber stehend schreibt, Bl. 61, 62, 64, 69, 74, 103, Pyramide von Sakara, Zeit der XII. Dynastie, Gräber von Benihassan, Lepsius II 127, und sonst. Sehr belehrend sind mehrere Darstellungen von Schreibern in Wilkinson, Manners and customs of the ancient Egyptians, insonderheit die aus Tebe III 315, II 33 u. a. Weil letzteres Buch Vielen eher zugänglich ist, als das große Denkmälerwerk von Lepsius, halte ich es für besser, Abbildungen von Schreibern diesem letzteren zu entnehmen.

195. Hieratischer oder kursiver Zug als Ueberrest von Hieroglyphenbildern nachgewiesen.

Aus Champollion's Grammaire égyptienne.

Für den ersten Band der Geschichte der Schrift ist noch eine Anzahl Tafeln erforderlich. Um indeß die Herausgabe dieses Heftes nicht länger hinauszuschieben, werden dieselben dem zweiten vorbehalten. Auch ich mich doch ohnehin entschuldigen, daß dieses Abbildungsheft nicht gleichzeitig mit dem ersten Bande der Geschichte der Schrift erschien. Schon im Jahre 1866 hatte meine Schwägerin, die Malerin Clara Hiller die allermeisten Tafeln, auch 8 zum folgenden Bande gehörige, aus Werken, von denen nicht wenige aus auswärtigen Bibliotheken mir gütigst zugesendet waren, mit vielem Zeitaufwande und großer Genauigkeit in meinem Hause lithografirt. Zum Gebrauch bei meinen Vorlesungen ließ ich von diesen Tafeln durch die Werl'sche Lithographiranstalt einige Abdrücke machen. Unglücklicherweise unterließ dieselbe, die Steine nach gemachtem Abzug ordentlich zu reinigen und gehörig zu gummiren, und als ich mich, nachdem der Druck meines Buches im Zuge war, Ende August 1871 mit Herrn Sonkup aus Wien in's Benehmen setzte, um durch ihn den Abdruck besorgen zu lassen und mehrere Zusatztafeln zu fertigen, stellte sich heraus, daß alle Steine mit alleiniger Ausnahme eines (hier Tafel XXIV, von der ich keinen Abdruck hatte machen lassen) verdorben waren. Zum zweitenmale mußte die schwierige Arbeit unternommen werden. An Mahnungen zur Beschleunigung habe ich es nicht fehlen lassen. Am 21. April 1872 lieferte erst Herr Sonkup eine Anzahl Tafeln, für deren nachträgliche Correctur er seinen Freund Herrn Gilmann stellte, weil er plötzlich nach Wien zurück mußte, und ließ sich bezahlen. Herr Gilmann weigerte sich später, Mitte Mai, ausdrücklich, die von ihm förmlich vor der Zahlung an Sonkup übernommene Berichtigung der Tafeln auszuführen. Auch fehlte unter den von Herrn Sonkup zurückgelassenen Vorlagen die Abzeichnung von Tafel XIX aus Kingsborough, die erst in Dresden wieder beschafft werden mußte. Im Juni 1872 übernahm Herr Seschinski die Anfertigung des Ueberrestes. Im Mai 1873 kam er damit zu Stande.

Ich ergreife die Gelegenheit, einige Druckfehler zu berichtigen, was um so nothwendiger ist, weil der einzige unter den ungefähr 30 Beurtheilern dieses Buches, welcher sich wegwerfend äußerte, sich an mehrere Druckfehler gehalten hat, wie z. B. bei S. 519 viertletzte Zeile, wo gesagt ist, daß auf einem Grab oder Gefäß „das Augelgefäß oder der Topf" stehe, allein danach statt der richtigen Hieroglyphe (Seyffarth's Verzeichniß n. 190b) eine falsche, sehr ähnliche gesetzt worden war, oder wie bei S. 509, wo statt des Adlers der Geier steht, obwol zweimal, und zwar unmittelbar vorher (auf derselben Seite 8 Zeilen vorher und auf der vorhergehenden Seite, Zeile 13 von unten) die richtige Hieroglyphe stand. Wer eine Vorstellung hat, welche Mühe die Korrektur eines Bogens mit Hieroglyphen verursacht, wenn des Hieroglyphensatzes der Setzer vollständig unkundig ist, wird begreifen, daß es nicht ganz ohne Druckfehler abging. An kleinen Nachlässigkeiten, die bei einem so umfassenden Werke nicht leicht durchgehends zu vermeiden sind, kann man schnell zum Ritter werden, als z. B. an S. 512, wo es blos darauf ankam, die Verschiedenheit der Tempora zu bezeichnen und zu „ist gut" „war gut" zu hieroglyphisch nicht ausgedrückte, an sich bedeutungslose „er" (er ist gut ꝛc.) hinzugefügt war. Gern hätte ich nach dieser Erfahrung eine genaue Durchsicht vorgenommen. Doch seit dem Abdruck habe ich noch nicht die Zeit gefunden, mein Buch einmal durchzulesen. Deshalb muß ich mich beschränken, anzugeben, was mir gelegentlich bei Ansicht einzelner Stellen aufstieß, wobei ich mich natürlich nur an störende Druckfehler halte.

Diejenigen falschen Ziffern und Angaben, welche sich auf die Tafeln beziehen, sind im Vorstehenden angegeben. Sie sind daraus entstanden, daß der Herr Lithograf alle Vorlagen in Händen hatte und ich von ihm keinen Abzug der neuen Anordnung erlangte, als die betreffenden Bogen im Drucke sich befanden. Seite 237 Zeile 18 lies: Sahagun (statt Sahagun). In den Anmerkungen S. 744 Z. 2 Antiguedades (statt: Antiquedades), daselbst 9. Note Z. 2: 1590 (statt 1692). S. 746 N. 18, Z. 8: vues (statt vastes). S. 753, N. 93: Le Roux des Hauterayes (statt Deshauterays). S. 755, N. 9, Z. 4: Kooraianas (statt Kooraianae). S. 756, N. 31, Z. 2: japonais (statt japohais); Nr. 86: Thunberg (statt Funberg). S. 759, N. 15, Z. 5: Agathodämon (statt Agathodamon); N. 16 Z. 8: [illegible] (statt [illegible]). S. 760, N. 20, Z. 11: Sesoosis (statt Sesostis). S. 766, N. 88, Z. 2: VIII (statt 1711); N. 99, Z. 2: den Ruinen (statt der Ruinen); Z. 4. 5 gehört der Schluß der Klammer hinter Menepta's (nicht hinter Dynastie); Z. 5: Säule (anstatt Sääle); N. 103: Miramar (statt Marimar). S. 767, N. 108: I 20 (statt I 10). S. 769, N. 148: Jamblichos (statt Jamblüches). S. 772, Nr. 14 drittletzte Zeile: 79 (statt 76). S. 777, N. 109, Z. 4: Synkellos p. (statt Synkellos V); Z. 6: Ueber (statt und). S. 781, N. 181 hinzusetzen: Seite 185, N. 4 sind die Lesezeichen versetzt, das Semikolon gehört vor „gegenwärtig" S. 782, N. 8: mansurum (statt ansurum).

Obwol manche Zusätze mir wünschenswerth wären, bemerke ich nur zu Seite 561, Zeile 6 v. unten, daß Oberpriester und Profet in Aegypten nach der Tafel von Tanis zwei verschiedene Rangstufen waren, die des Profeten die zweite, und daß das Seite 738 N. 78 angeführte Buch 1864 erschien. Ferner theile ich mit zu Seite 653, daß ein englischer Beurtheiler in Saturday Review bemerkte, es sei neuerdings eine Linse in Ninive gefunden worden, und zu Seite 568, daß der Beurtheiler in den Illustrirten deutschen Monatsheften die Berufung auf Cantor darum nicht gelten läßt, weil dieser sich nur auf die bestreitbare Gewähr Theon's von Smirna stützt. (Vgl. Röth II 815 und 817).

Leipzig.
Druck von Sturm und Koppe (A. Dennhardt).

II

Watiko Schrift

Wilkes hist explures

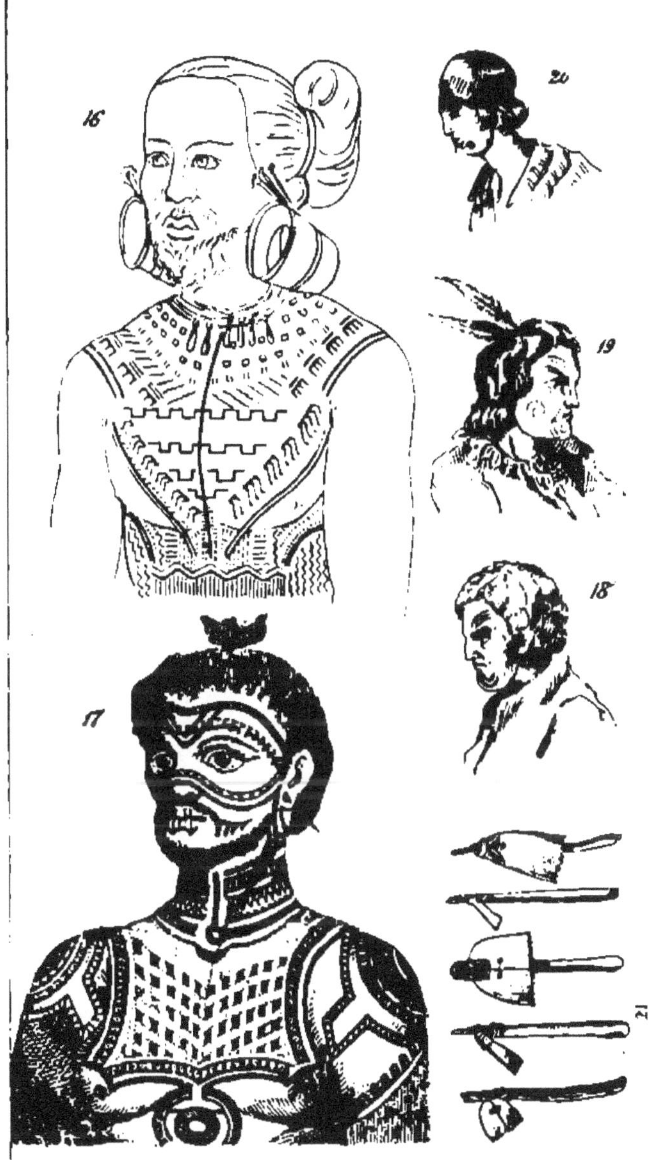
16
20
19
18
17
21

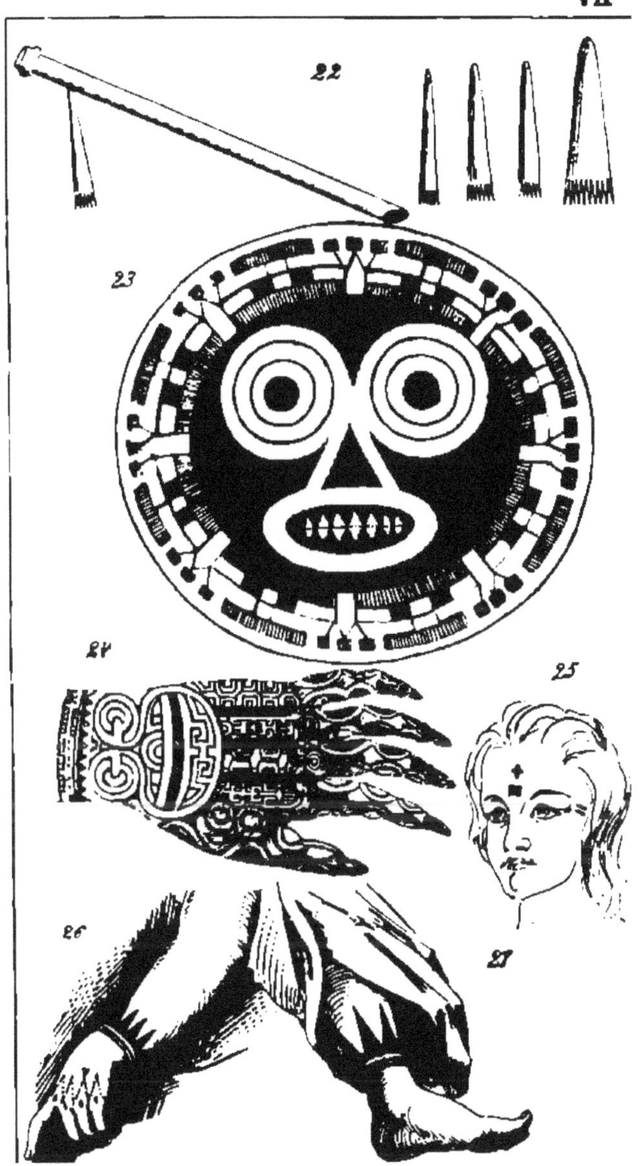
22
23
24
25
26
27

VIII

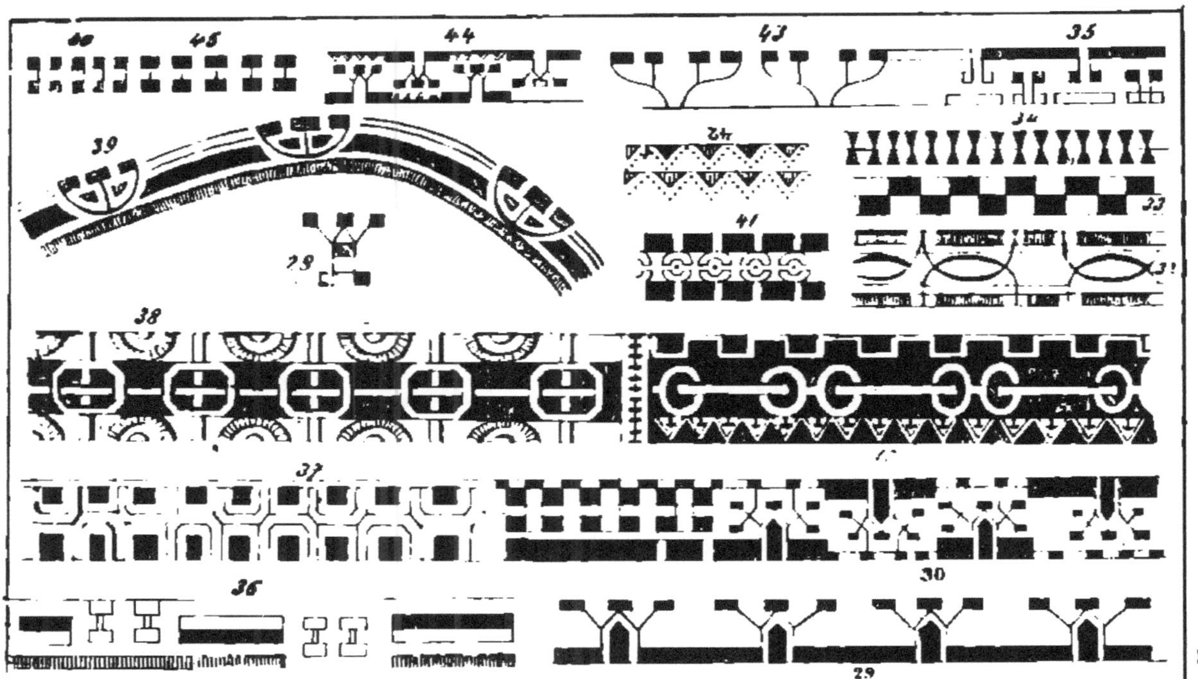

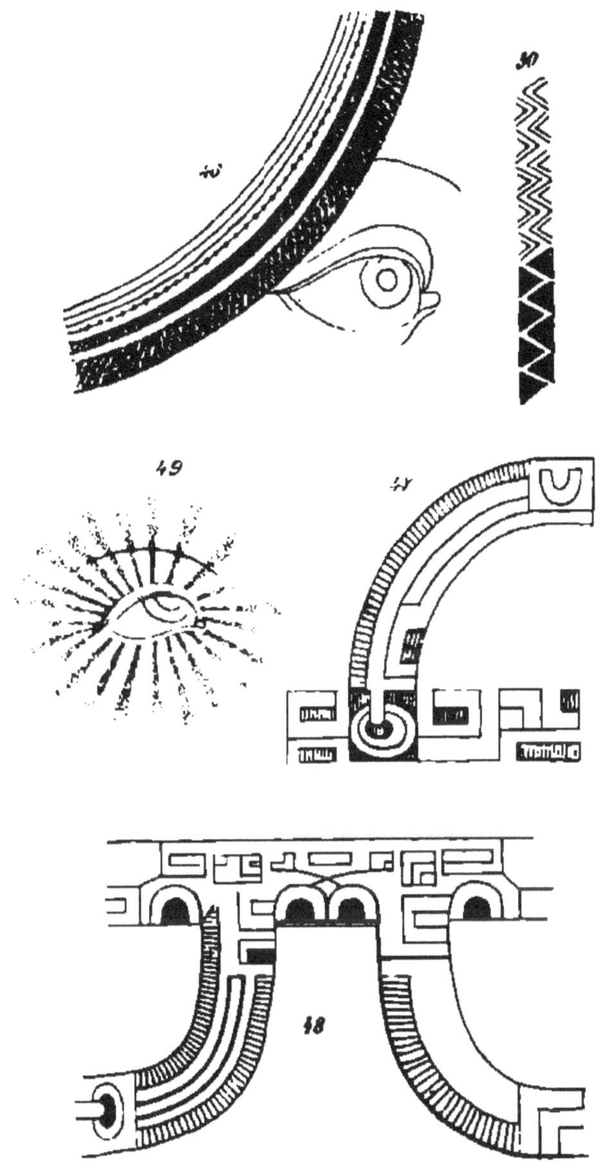
49
48

Λ.

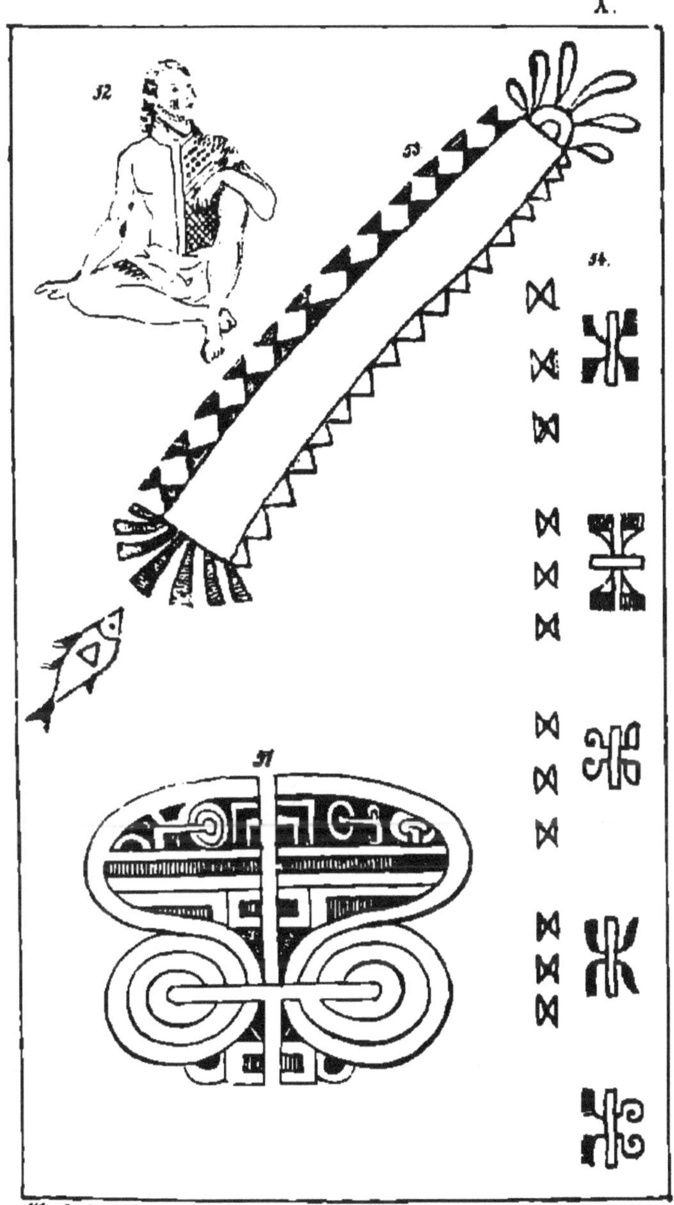

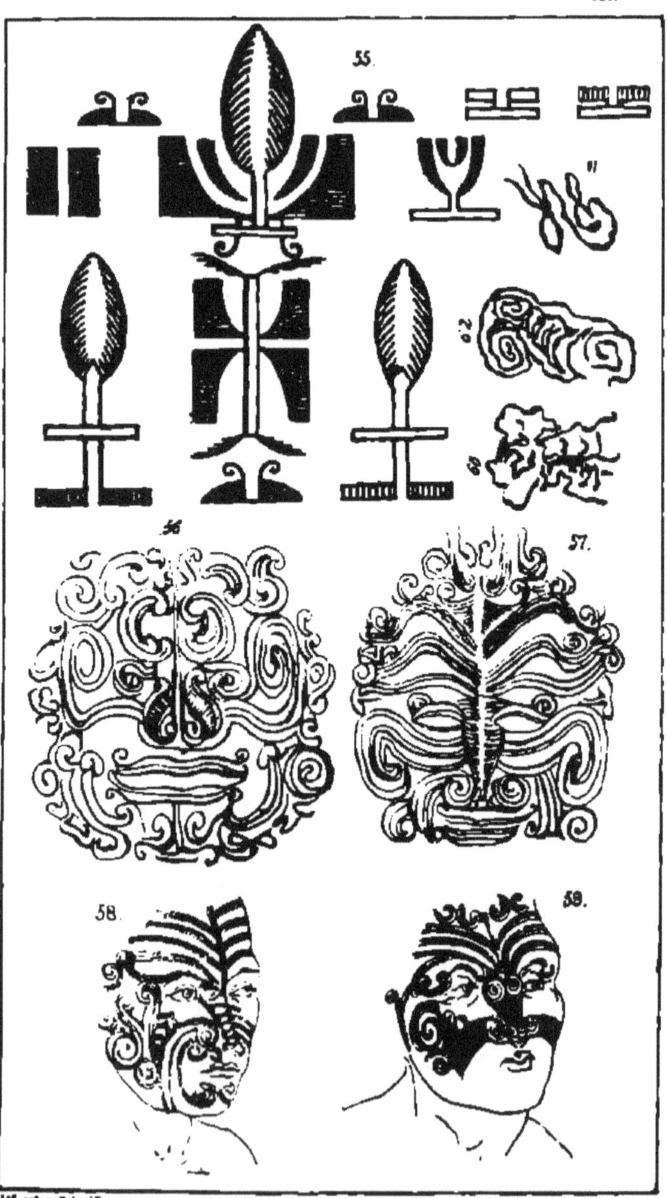
55.
56
57.
58.
59.

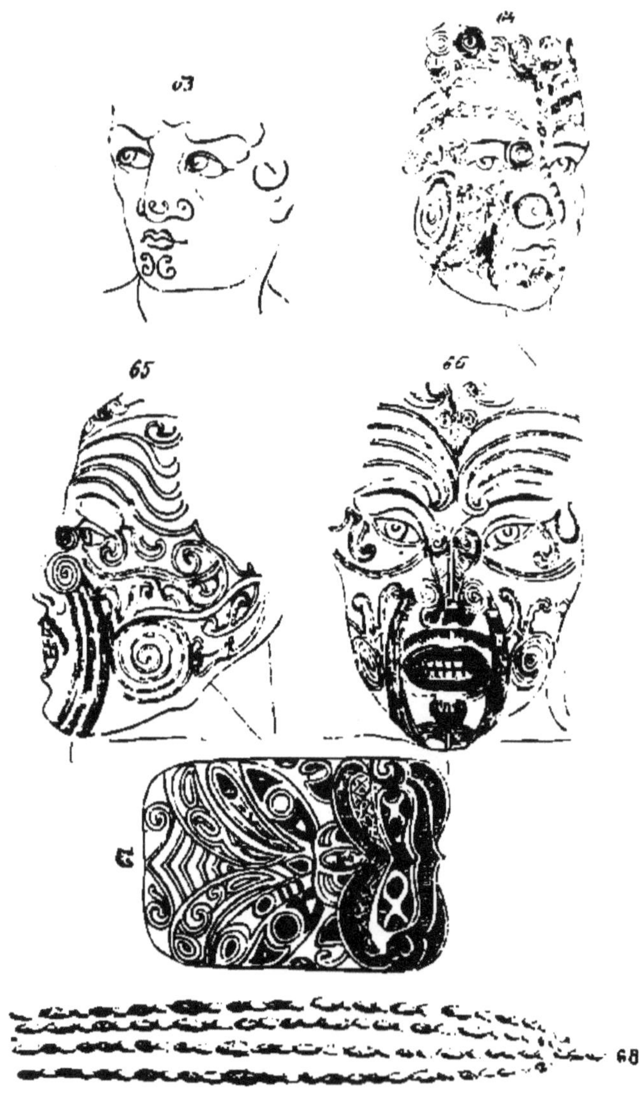
65
66
68

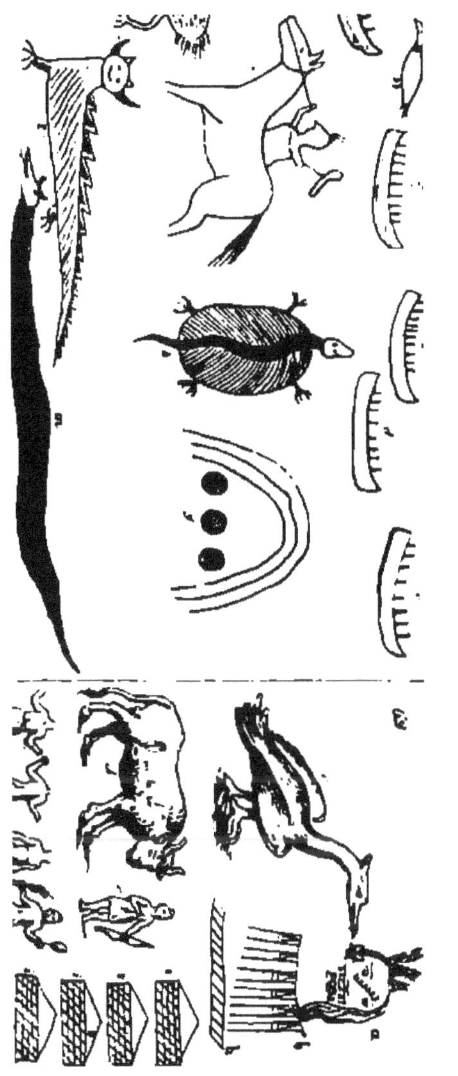

XIV

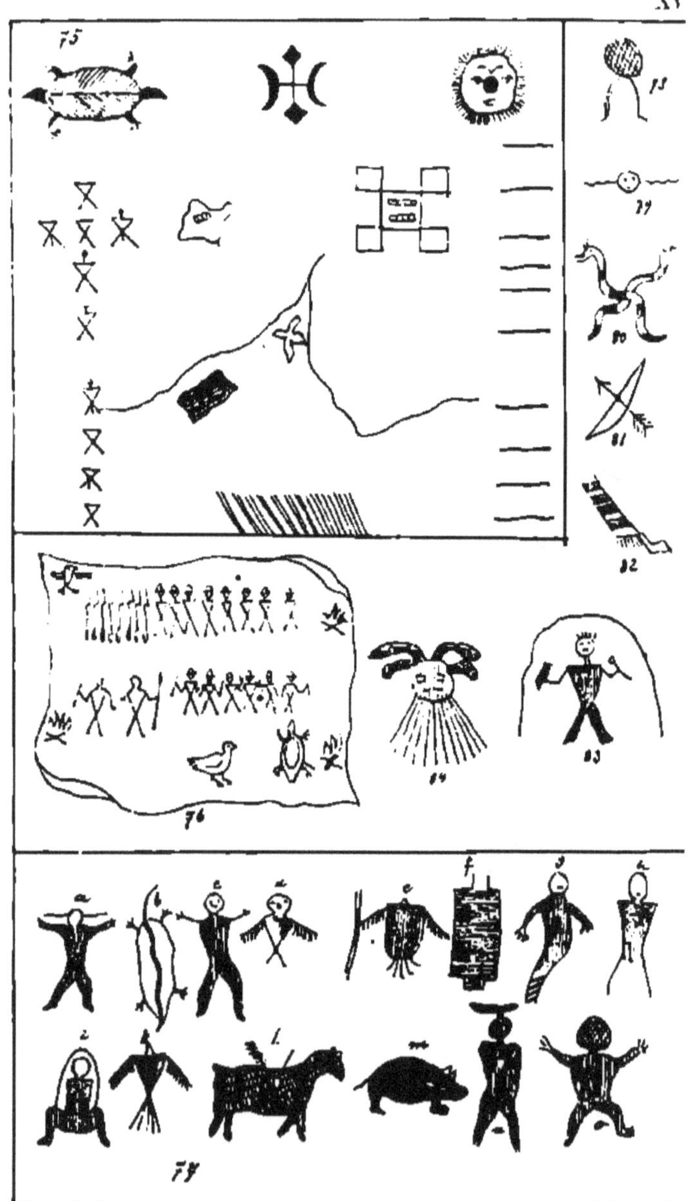
75
78
79
80
81
82
76
84
83
77

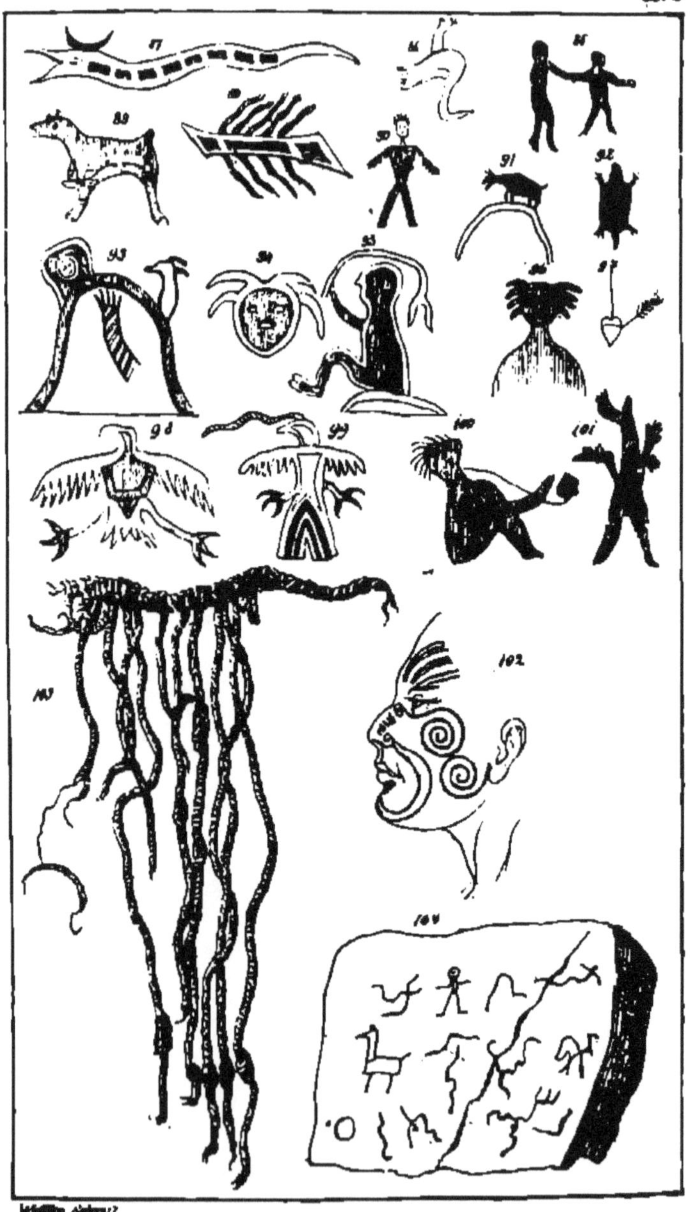

Wuttke Schrift

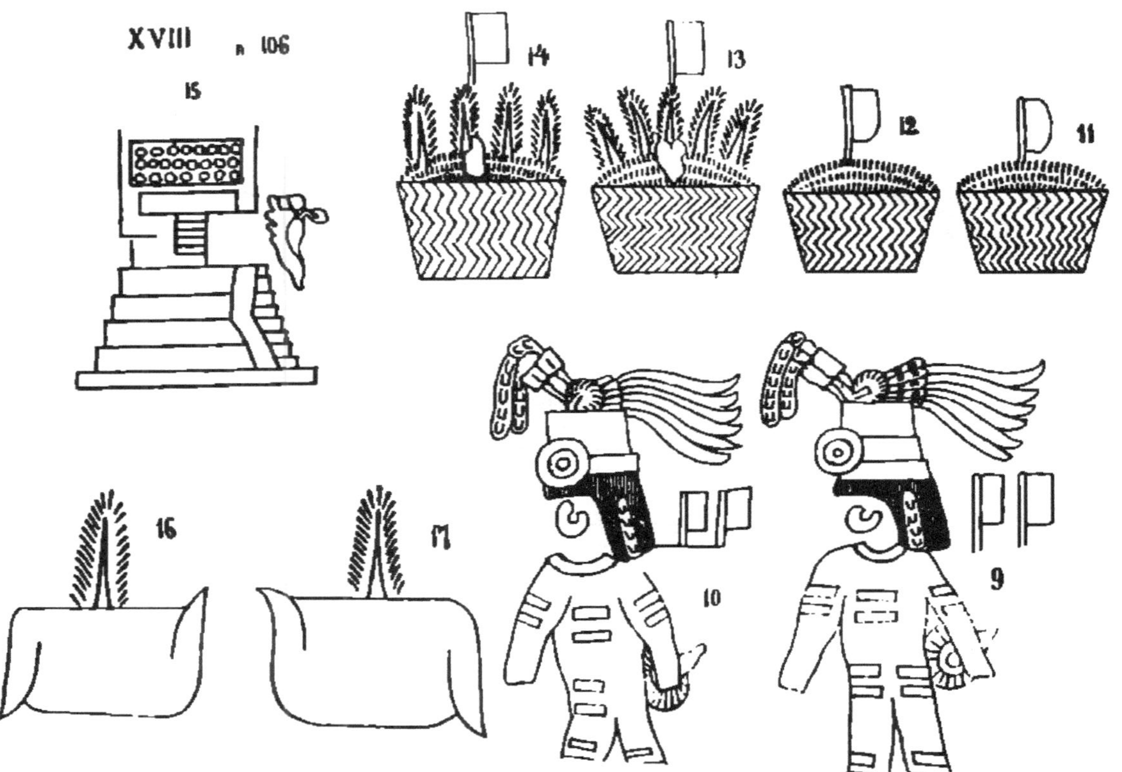
XVIII
n 106
15
14
13
12
11
16
17
10
9

1
2
3
4
5
6
7
6
Wuttke Schrift

XIX n 107

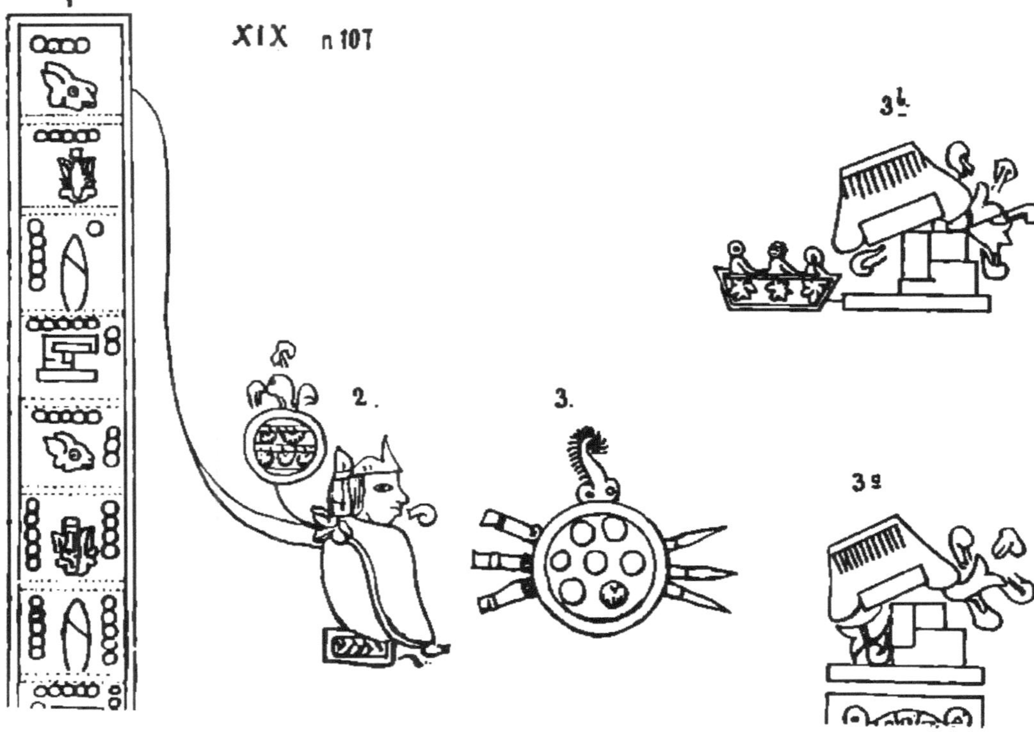

6
7
9
8

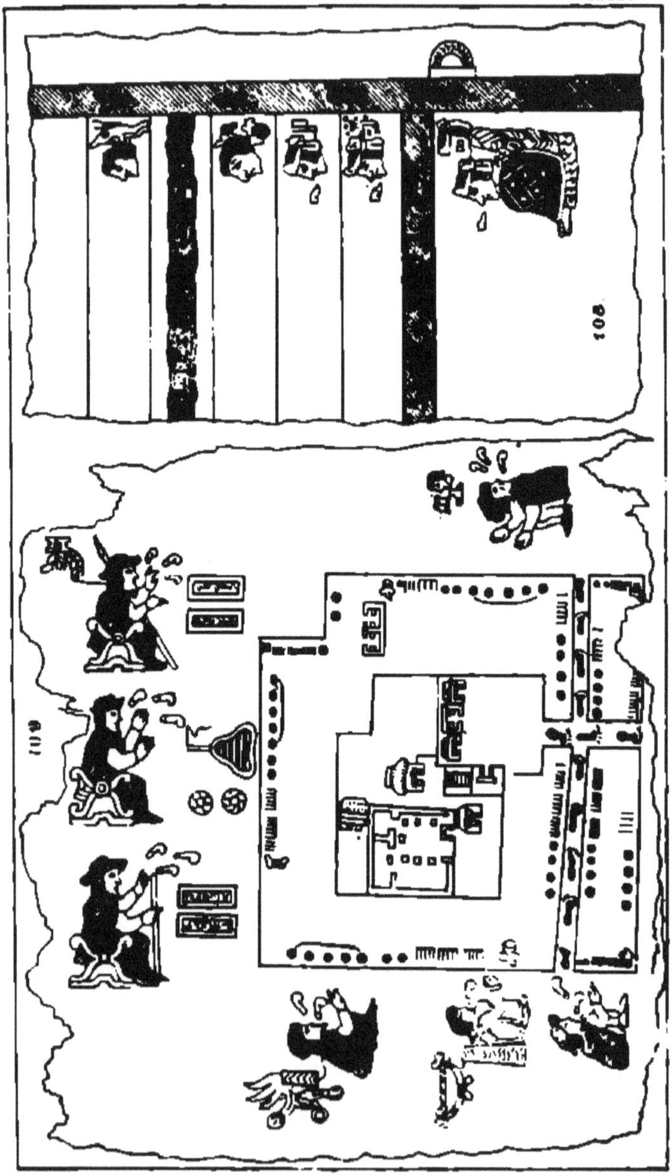

XX.

Weitere Schrift

110

111

X.

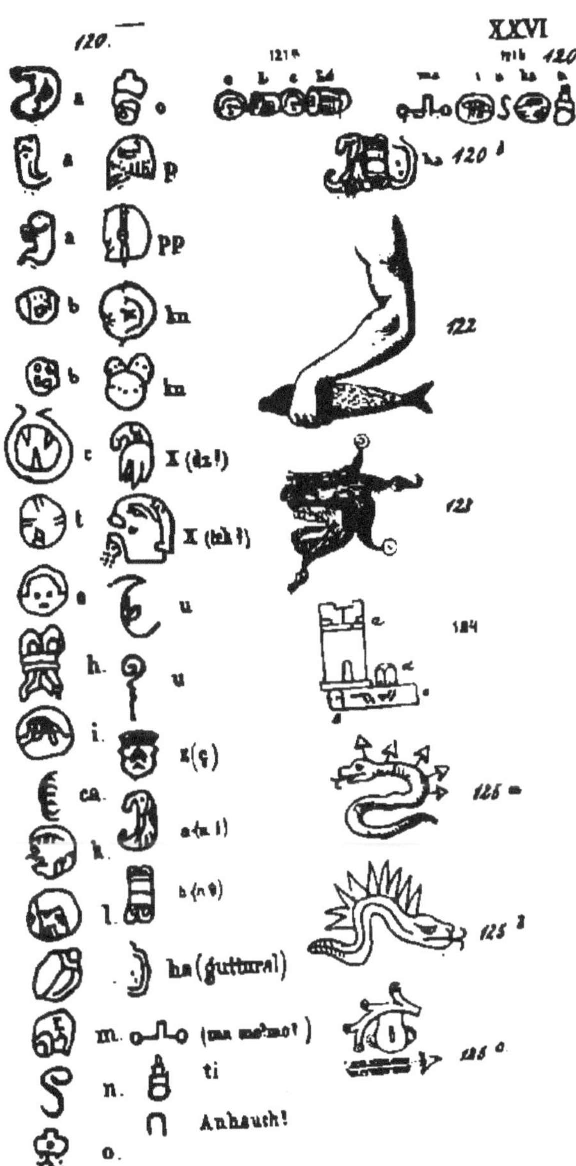

Wuttke Schrift

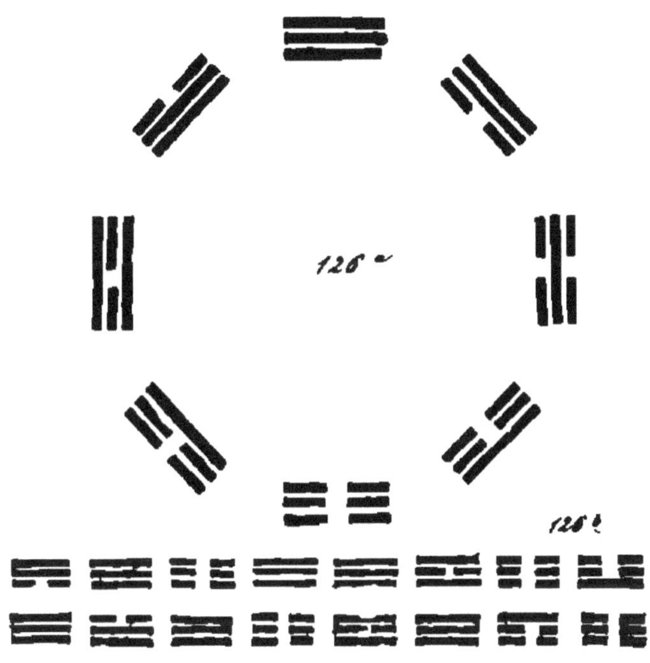
126 a
126 b

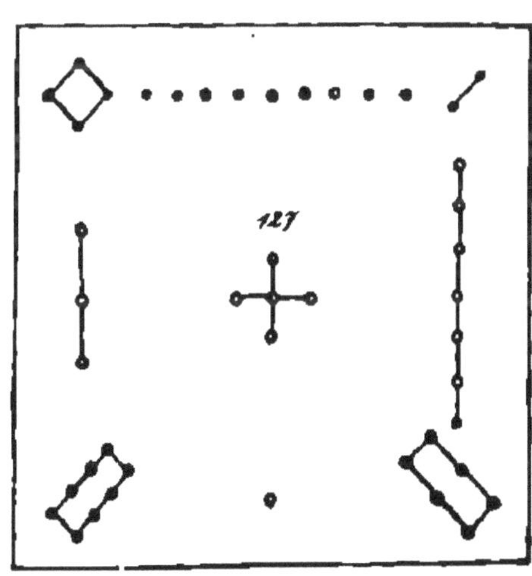
127

128 日 129 月 130 山 131 木 132 犬 133 魚

134 135 136 (大) 137 138 139

140 141 142 143 144 145

146 147 148 149

150 151 153 154 155 156

157 158 159 生 160 161 162 163

164 𡗞 165 166 167 169 白 170

171 172 173 明 174 泪

175 風 颶 嵐 176 閒 177 關 178 戶 乎 呼

179 加 賀

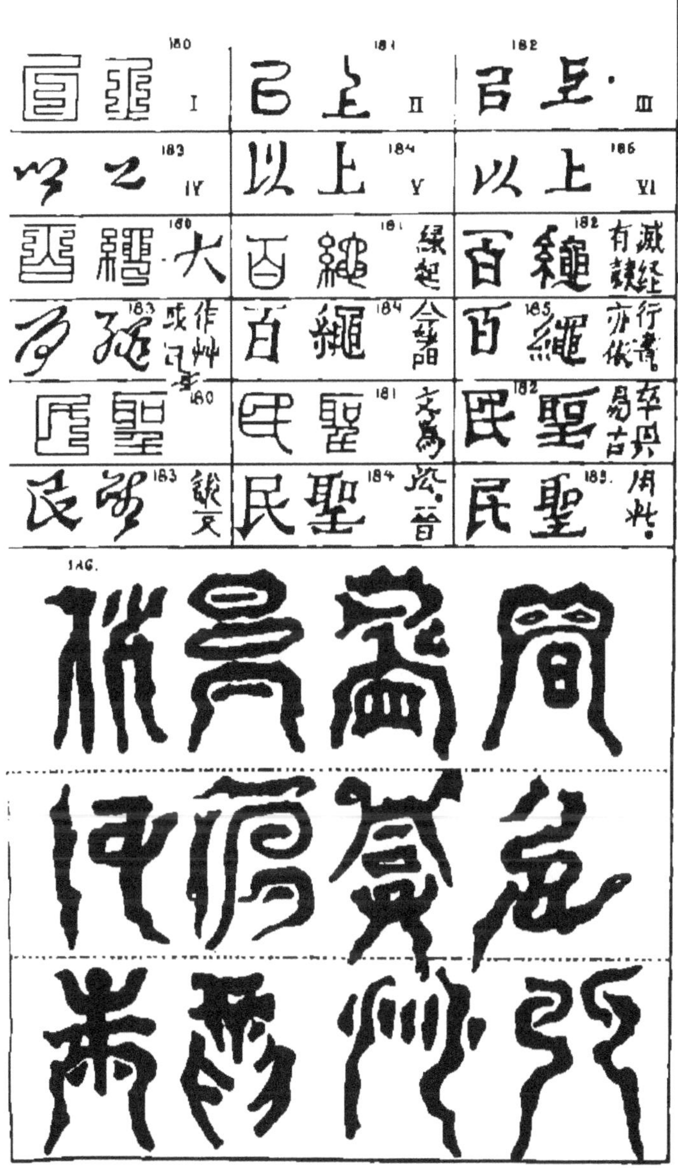

BIBLIOTECA
R. BOIGA

寶寶寶寶寶寶

寶寶寶寶寶寶

寶寶寶寶寶寶

寶寶寶寶寶寶

寶寶寶寶寶寶

寶寶寶寶寶寶

寶寶寶寶寶寶

寶

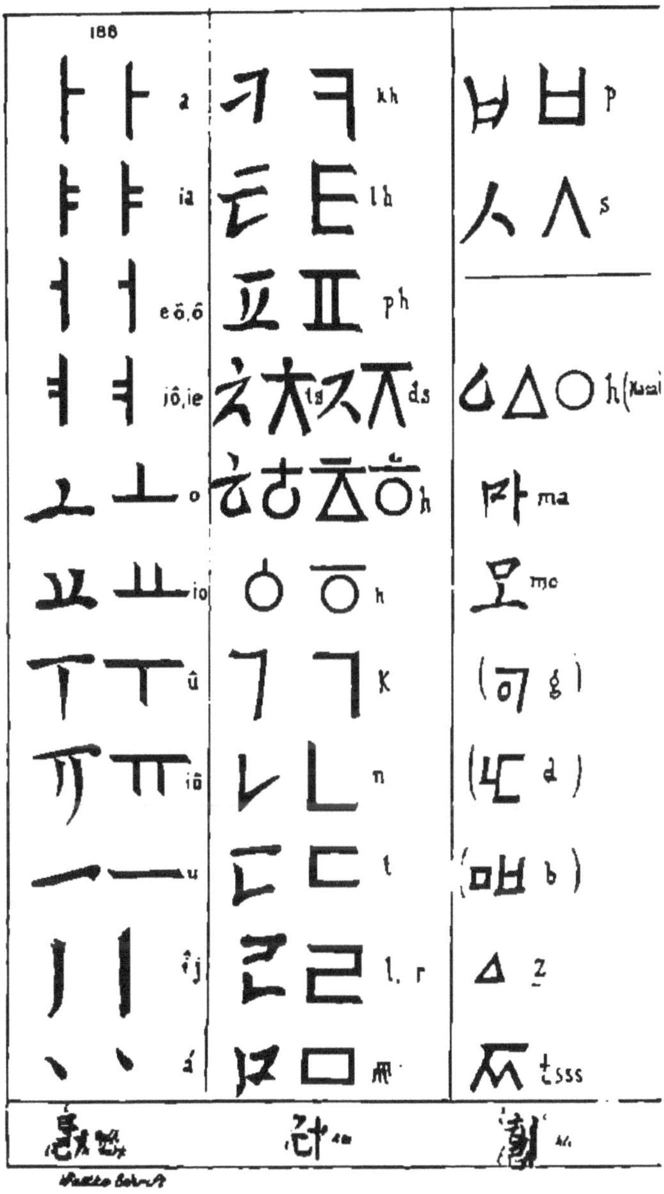

188

ㅏ	a	ㅋ	kh	ㅂ	p
ㅑ	ia	ㅌ	th	ㅅ	s
ㅓ	eŏ, ŏ	ㅍ	ph		
ㅕ	jŏ, ie	ㅊ ts ㅈ	ds	ㅿ △ ○	h (Nasal)
ㅗ	o	ㆆ ㅎ	h	마	ma
ㅛ	io	ㆁ ㆆ	h	모	mo
ㅜ	û	ㄱ	k	(ㅇㄱ	g)
ㅠ	iû	ㄴ	n	(ㄴㄷ	d)
ㅡ	u	ㄷ	t	(ㅁㅂ	b)
ㅣ	í, j	ㄹ	l, r	ㅿ	z
ㆍ	á	ㅁ	m	ㅆ	tsss
[illegible]		[illegible]	da	[illegible]	ai

89.
Jmato Kanna
Calta Ka

…nna		Firo Kanna				
Ma マ	Ra ラ	A あ	Sa さ	Na な	Ma ま	Ra ら
Me メ	Re レ	E ゑ	Se せ	Ne ね	Me め	Re れ
Mi ミ	Ri リ	I い	Si し	Ni に	Mi み	Ri り
Mo モ	Ro ロ	O を	So そ	No の	Mo も	Ro ろ
Mu ム	Ru ル	U う	Su す	Nu ぬ	Mu む	Ru る
Ja ヤ	Wa ワ	Ka か	Da た	Fa は	Ja や	Wa わ
Je	We	Ke け	De て	Fe へ	Je	We
Ji ヰ	Wi	Ki き	Dsi Tsi ち	Fi ひ	Ji	Wi
Jo ヨ	Wo ヲ	Ko こ	To と	Fo ほ	Jo よ	Wo を
Ju ユ	Wu	Ku く	Tsu つ	Fu ふ	Ju ゆ	Wu う

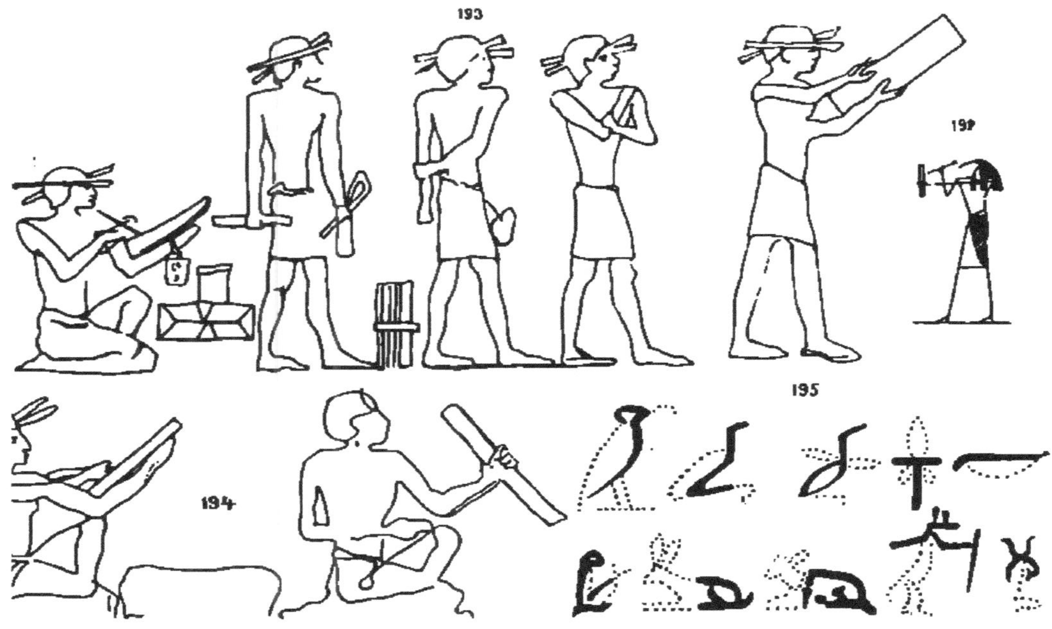
193
194
195

Von demselben Verfasser erschien:

Wuttke, H., Ueber die Gewißheit der Geschichte. (Universitätsschrift zu Wachsmuth's Professor-Jubiläum.) 4. 1865. Leipzig, Edelmann.

—, Geschichte der Schrift und des Schriftthums von den rohen Anfängen des Schreibens in der Tatuirung bis zur Legung elektromagnetischer Drähte. Leipzig, Ernst Fleischer. I. Die Entstehung der Schrift, die verschiedenen Schriftsysteme und das Schriftthum der nicht alfabetarisch schreibenden Völker. 1872.

—, Religion und Staatsidee in der vorchristlichen Zeit und die Frage von der Unfehlbarkeit der biblischen Bücher in der christlichen Zeit. Aus dem Nachlasse Karl Adolf Menzel's herausgegeben mit einer Lebensbeschreibung K. A. Menzel's. 1872. Leipzig, Ernst Fleischer. (Mit dem Bilde Menzel's.)

—, De Thucydide scriptore belli Peloponnesiaci. P. I (1838) 1839 II 1841. Breslau, Friedländer.

—, Die Kosmographie des Istrier Aithikos im lateinischen Auszuge des Hieronymus. Aus einer leipziger Handschrift zum erstenmale herausgegeben. Zweite Ausgabe 1854. Leipzig, Dyk'sche Buchhandlung. (Mit einer Schrifttafel und einer Karte). Daraus besonders abgedruckt:

—, Die Aechtheit der Kosmographie des Aithikos geprüft. 1854. Leipzig, Dyk.

—, Ueber Erdkunde und Karten des Mittelalters. (Mit 7 Tafeln Karten). 1853. Leipzig.

—, Zur Geschichte der Erdkunde im letzten Drittel des Mittelalters. Die Karten der seefahrenden Völker Südeuropas bis zum ersten Druck der Erdbeschreibung des Ptolemäus. Mit 10 Tafeln enthaltend 11 Karten ganz oder theilweise. Dresden, 1871.

—, Wilhelm I. von Oranien, der Begründer der niederländischen Freiheit. Aus dem Nachlaß Karl Ludwig Klose's mit einer Würdigung des Oraniers, einer Lebensbeschreibung Klose's, seiner Fotographie und dem Bildniß des Oraniers. 1864. Leipzig, Friedrich Fleischer.

—, Die Entwickelung der öffentlichen Verhältnisse Schlesiens vornämlich unter den Habsburgern I (1841) 1842 II 1843. Leipzig, W. Engelmann.

—, Abfertigung des Dr. Karl Gustav Kries. (1842) 1843. Leipzig, W. Engelmann.

—, Die schlesischen Stände, ihr Wesen, ihr Wirken und ihr Werth in alter und neuer Zeit. 1847. Leipzig, J. H. Hartknoch.

—, Ueber das Haus- und Tagebuch Valentin Gierth's und die Herzogin Dorothea Sibylla von Liegnitz und Brieg. 1838. Breslau, W. Friedländer.

—, Ueber die Unächtheit des angeblichen Gierth'schen Tagebuches. 1839. Breslau, Korn.

—, Die Versuche der Gründung einer Universität in Schlesien. 1841. Breslau, Korn.

—, Christian Wolff's eigene Lebensbeschreibung mit einer Abhandlung über Wolff. 1841. Leipzig, Weidmann'sche Buchhandlung.

—, Persönliche Gefahr Friedrich des Großen im ersten schlesischen Kriege. 1841. Leipzig, W. Engelmann.

Wuttke, H., **Die drei Kriegsjahre 1756, 1757, 1758 in Deutschland.** Aus dem Nachlasse Johann Ferdinand **Huschberg's** mit Ergänzungen herausgegeben. Nach bisher unbenutzten Archiven. 1856. Leipzig, A. Lorenz. (Der starke engegedruckte Band enthält gerade so viel Text als Ranke's drei Bände preußischer Geschichte; Wuttke's Vorwort und Einleitung, Ergänzungen und Fortsetzung entsprechen dem Umfang eines Bandes des gedachten Ranke'schen Werkes.

—, **Geschichte Leipzigs und seiner Umgebung bis zum Ende des XIII. Jahrhunderts.** Mit einer Tafel Abbildung. (Abdruck aus dem von Wuttke besorgten I. Bande der Schriften des Vereins für die Geschichte Leipzigs.

—, **Die Völkerschlacht bei Leipzig.** (Mit einer Karte.) 1863. Dritte durchgesehene Auflage. Berlin, E. Engl.

—, **Rede zur Feier der Leipziger Schlacht**, in Leipzig am 16. Oktober 1862 gehalten. (1862) 1863. Leipzig, O. Wigand.

—, **Polen und Deutsche.** Zweite Auflage. (1847) 1848. Leipzig, G. Brauns.

—, **Städtebuch des Landes Posen.** Codex diplomaticus, Allgemeine Geschichte der Städte im Lande Posen, geschichtliche Nachrichten von 149 einzelnen Städten. 4. 1864. Leipzig, A. Lorenz.

—, **Accessiones ad codicem diplomaticum, qui continetur libro** Städtebuch rc. (Dekanatsprogramm zu der von Dr. Haniel zum Gedächtniß Ernesti's zu haltenden Rede). Leipzig, 1865.

—, **Die deutschen Zeitschriften und die Entstehung der öffentlichen Meinung.** Ein Beitrag zur Geschichte des Zeitungswesens. 1866. Hamburg, Hoffmann & Campe.

—, **Deutschlands Einheit, Reform und Reichstag.** 1848. Leipzig, A. Wienbrack.

—, **Der Stand der deutschen Verfassungsfrage.** 1850. Leipzig, C. W. B. Naumburg.

—, **Pro patria!** Delegirte, Parlament, Reichsverfassung. 1863. Leipzig, O. Wigand.

—, **Jahrbuch der deutschen Universitäten.** Zwei Bände. 1842. Leipzig, Weidmann'sche Buchhandlung.

Ferner:

(—), **Gedenkbuch an Friedrich Schiller.** Am 9. Mai 1855, fünfzig Jahre nach dem Tode Schiller's herausgegeben vom Schiller-Verein zu Leipzig. (Eigenthum des Schillervereins zu Leipzig). Commissionär Cavael.

(—), **Das Schiller-Jubiläum in Leipzig.** Zur bleibenden Erinnerung herausgegeben im Auftrage des Festzugs-Comité's 1860. (Eigenthum des Schiller-Vereins zu Leipzig). Commissionär Cavael.

(—), **Denkschrift über das geistige Eigenthum.** Nach Beschluß des deutschen Schriftstellertages veröffentlicht. 1866. Leipzig.

(Mit Moriz von Aehrenfeld:) **Paul Joseph Schafarik's Slawische Alterthümer.** Zwei Bände. 1843, 1844. Leipzig, W. Engelmann.

(Mit H. Brandes:) **Collegium beatae Mariae virginis in Universitate Lipsiensi.** I. Der Zusammenhang der Collegii beatae Mariae virginis mit den Anfängen der Universität Leipzig. Am 2. December 1859. Leipzig, A. Edelmann.

(Mit Fr. Gerstäcker und G. Kühne:) **Album für's Erzgebirge.** Von Mitgliedern des Schriftstellervereines. 1847. Leipzig.

Druck von Giesecke und Devrient Druckerei in Leipzig

www.ingramcontent.com/pod-product-compliance
Lightning Source LLC
Chambersburg PA
CBHW032249080426
42735CB00008B/1069

* 9 7 8 3 7 4 2 8 0 9 3 7 7 *